Drømmen

I

Enar Medzic

Enar Medzic

Drømmen

I

© 2019 Medzic, Enar
Forlag: BoD – Books on Demand, København, Danmark
Tryk: BoD – Books on Demand, Norderstedt, Tyskland
ISBN: 9788743003281

I

Dagens afslutning

Klokkens klang

De to visere

Som danser i takt

En pakke tændstikker

Placeres i min hånd

Ned i mine bukser

I højre baglomme

Dynens kulde

Og den stille nat

Jeg lukker mine øjne

Nu må mørket gerne tage fat

II

Solen stod højt

Smuk forårsdag

Men køligt var det

Lige efter min smag

Tiden som sekundet

Pludselig blev det mørkt

Vidne til at solen

Nu er helt sort

III

Regnen glider på luften

Til det rammer noget fast

Fordeler sig i stykker

Ikke engang kan vand holde fast

Varmen fordamper

Dråben splittes

Samles til noget fast

Igen skal dråben slippes

IV

Hvad er vi?

Robotter i et samfund?

En genstand som bliver programmeret

Programmeret til at følge den samme rutine hver dag

Et offer for de højere magter

For dem som leger med os

Som dukker

Hvad er vi?

Slaver

V

Oplevelsens værdi

Kan intet erstatte

At være rig på livet

Er det vigtigste af dem alle

Graven er tom

Ligesom alle andres

Men oplevelserne

Tages med

Hvor end fødderne de tramper

VI

At kigge på mennesker

Dybt i deres blik

Væk fra facaden

Se sandheden

Se hvor forskellige

Vi egentlig er

Men stadig ens

Som var vi den samme hær

VII

En cigaret

Og et glas whisky i min hånd

Drikker mig tavs

Imens jeg tænker over hvorfor verden er så kold

Mennesker så brutale

Uden nogen samvittighed

Monstre i forklædning

Kuldegysninger

I al evighed

VIII

Bryd fri

Kom væk

Find din egen verden

Hvor du bestemmer alt

Ingen lænker

Ingen grænser

Din verden

Dine chancer

IX

At gå på sand

Mærke det våde vand

Lyden af bølgerne

Den kolde brise

Jeg mister min forstand

Himlen er grå

Mørket er sort

Alene på en strand

Hvor alt andet det er bort

X

Løgnagtige ord

Hvad er det vi formår

At snyde hinanden

I sin egen verden med fanden

Fantasien kun bremser

Ord med ingen grænser

Tilliden splittes

Båndet er brudt

På få sekunder er løgnen fortrudt

XI

At såre en person

Tåren den triller

som den smukkeste zirkon

Tomheden i hjertet

Fortrydelsens skam

Undskyldningen er ikke nok

Hjertet forbliver et tomt rum

På grund af en fejl

XII

Det ensomme hjerte

Fortabt i tågen

Grædende nætter

Hvor er nåden

Søgen på det smukke

Som hjertet aldrig ville finde

Utallige veje

Hvor skal hjertet lede

Opgivende suk

Det ulykkelige har fået nok

Men sidst inden det sker

Et mirakel det ser

Vejens vise

Til den smukkeste kiste

Lysets stråle

En tåre da jeg så det

Ved enden af vejen

Der ser jeg dig

Den smukkeste skabning

Skabt for mig

Øjne af diamanter

Smilet af guld

Mit hjerte det stråler

Og jeg takker gud

XIII

Det skumle og dystre

Gemt bag skovens træer

Som var det aldrig hændt

Vi ser ikke mere

I vores egen lille boble

Forbliver vi alle

Bange for sandheden

Og det uvidende blik

Bliv du bare i boblen

For alt andet findes ikke

XIV

Had

Så smukt

Men alligevel så grimt

Følelsernes dominant

Og mennesket repræsentant

Kan kurere

Og destruere

Ødelægge liv

Og frelse hær

Den stærkeste følelse

Hos os

Til dagen vi ikke er her mere

XV

Forladt areal

Dækket af mørkets stilhed

Bladenes fald

Brisen af ensomhed

Mørkets tomme rum

Lige efter min smag

Følelsen af sikkerhed

I min egen uvidenhed

XVI

Livets rejse

En dyster labyrint

Uvidenheden om det næste

Skæbnen som tager fat

Livet man lever

Som starter i gråd

Livets udfordringer

Døden som slutter i nul

XVII

Hvem er vi

Hvad er vores formål

Robotter af et samfund

Som arbejder med et tomt mål

Målet om succes

Om penge og magt

Men når vi dør

Så er alt vores arbejde fortabt

XVIII

Den skræmmende tanke

Smerten i brystet

At leve alene

At leve med frygten

Skabelsen af illusionen

Kærlighedens eksistens

En opfindelse i hjernen

Skabt af mennesket så det kan føle sig tilfreds

XIX

Blæstens lyd

De hårde slag

Vinduets rysten

Uvejret med sin egen smag

Kulden den kommer

Brisen kan mærkes

Torden som brummer

Lynet det stærkes

Fra nat til dag

I få sekunder

Alt lysner op

Og stormen fordufter

XX

Hvorfor frygter vi mørket

Når det sorte er så smukt

Tiden hvor tankerne

Har sin egen duft

Tiden hvor stilheden

Ikke kan forklares

Måske er det roen

Som hos mennesket ikke kan klares?

XXI

Det parallelle univers

Vi konstant befinder os i

En mand på cafe har freden indeni

Udenfor sit vindue

Han ser en hjemløs mand

Manden som på gaden sidder

Hvor mon han finder sin fred?

XXII

Det uvidende univers

Menneskerne befinder sig i

I en boble de lever

Men hvad mon de kan se?

Illusionen af frihed

De gør hvad de bliver fortalt

Måske sandheden er for skummel

Til at indse hvad der er sandt?

XXIII

Facaden bag et menneskes øje

Er ikke længere til at kende

Så gode mennesker er blevet til at lyve og skjule

Har desværre ingen ende

Vores underbevidsthed

Drives af manipulation

Sympati og empati

Har ikke længere anticipation

Er vi ubevidste robotter

Som er ved at glemme det menneskelig i os selv

Eller er vi bare mennesker

Som satser på at hadet vil bringe os mere held

XXIV

En verden

Bygget på had

Bekrigelse af de stærkere lande

Drevet af jalousi og frygt for blodbad

Storebroren som er alle verdens frelser

Skaber den største kaos

Men fred i de vestlige tanker

Hypnose som sker uden egen kontrol

Skaber zombier som ønsker mere demokratisk vold

XXV

Filosofien bag meningen med livet

Er svært at forklare

Liv efter død?

Ingen har et svar

Hvad hvis vi lever

I bevidstheden selv

Kun kroppen den dør

Men drømmen tager os et andet sted hen

XXVI

Den smertefulde handling

Med håbet om en positiv gevinst

Smerten vi møder

I håbet om noget godt i sind

En handling vi træffer

For at tilfredsstille os selv

Spørgsmålet er

Om smerten er tilfredsstillelsen selv?

XXVII

Indbildning af hjernen

Til at tro at det er sandt

Den eneste som beviser sandheden

Er smertens elegance

Niv mig i armen

Så jeg ved at jeg lever

Hvis smerten ikke er til stede

Så drømmer vi alle videre

XXVIII

For at virkeligheden er i eksistens

Så skal vi smerten møde

Ingen tilfredshed

Hvis vi kun møder det gode

Egoisme og arrogance

Af smerten fortalt

Smerten får os til at indse

Hvad vi værdsætte kan

XXIX

Egoismens hærsker

Som knuser liv og hjerter

Ingen forstår

Kun dens rette ejer

Aldrig kan nogen forklare

Egoismens handling

Ondskabens eksistens

Det mørkes dystre hemmelighed

Et liv som af egen hånd slutte kan

XXX

Formålet og meningen med livet

Er forsvundet fra os alle

Ungdommen nutidig

Har alle mistet forstanden

Grænsen og illusionen af normalitet

Er ikke længere til at kende

De hellige skrifters sidste vers kommer tilkende

Nærmer vi os dommedagen

Hvor det hele snart skal ende?

Eller lever vi i dommedagen

Hvor vi snart vores dom vil kende?

XXXI

Hvorfor er vi et produkt af samfundet

Som ikke selv tør af søge et svar

Frygten for at stille et spørgsmål

Skaber et samfund som ingen viden har

Frygten for at indse den sande virkelighed

Bremser udviklingens process

Hvor længe vil der gå

Før verden mister den menneskelige eksistens?

XXXII

Ironien bag fejringen af en fødsel

En illusion af positiv eksistens

Der smiles og jubles

Vi finder glæden i os selv

Et menneske bliver ældre

Vi tager det som positivt tegn

Men mennesker vi glemmer

Til sidst bliver fejringen til regn

Regnen over kirkegården

Med gråd og ingen latter

Det vi har fejret

At døden kommer tættere

XXXIII

Mørke

Dråbernes lyd

Et tomt rum

Jeg beder til gud

Hånden i min lomme

En genstand jeg fandt

Tændstikkens æske

Det er nu jeg skal tage fat

Lyden at tændstikken

Som stryges af svovl

Tændstikken tænder

Og jeg vågner...